Siempre, a veces, nunca

Ellen Cynthia Low
ilustrado por Emily Arnold McCully

Me llamo Alicia.

Pero siempre me llaman Ali.

Siempre duermo con mis animalitos.

A veces preparo el desayuno en la mañana.

Siempre elijo mi ropa.

A veces me pongo medias distintas.

Pero hay algo que no hago nunca, nunca.

¡Nunca, nunca acaricio a ese gato grande!

En la escuela, siempre dibujo a gente graciosa.

A veces no tienen nariz.

La maestra siempre cuelga nuestros dibujos.

A veces escribo mi nombre en letras GRANDES.

Después de la escuela, siempre salto del autobús.

¡Pero nunca, nunca acaricio a ese gato grande!

Siempre juego afuera después de merendar.

A veces hago de cuenta que soy la superchica.

Pero aunque soy la superchica,

¡nunca, nunca acaricio a ese gato grande!

Escucho un sonido raro. ¡*Prrr!*

¡Miro hacia abajo y veo a ese gato!

¡Nunca, nunca creí que iba a acariciar a ese gato!

¡Pero hoy sí lo acaricié!

Ahora creo que siempre, siempre voy a acariciarlo.